SCHWETZINGEN

Hochburg der Musik, der Gartenkunst und des Spargels

verlag regionalkultur

SCHWETZINGEN

Eingebettet in die Weite der Rheinebene bildet Schwetzingen zwischen Speyer, Mannheim und Heidelberg gelegen das Zentrum der Kurpfalz. Das 1833 zur Stadt erhobene Schwetzingen zählt alljährlich tausende Besucher aus aller Welt, die es in den geschichtsreichen Ort rund um die Sommerresidenz der Kurfürsten von der Pfalz zieht. Die liebevoll restaurierten, prunkvollen Innenräume des Schlosses und die 72 ha große Gartenanlage vermitteln einen Einblick in die barocke Lebenswelt des Adels und sind ein Muss für jeden, der die Metropole der klassischen Musik besucht. In der Tradition des kunstliebenden Kurfürsten Carl Theodor (1724–1799) spielt die Musik auch im modernen Schwetzingen eine große Rolle. Hierbei herausragend natürlich die Schwetzinger SWR Festspiele im Frühjahr und das Schwetzinger Mozartfest im Herbst. Damals wie heute begeistern renommierte Künstler das interessierte Publikum in authentischer Umgebung, die das prächtige Rokokotheater und die glanzvollen Zirkelsäle der Schlossanlage bieten.

„Les Claques“

Ein mediterranes Flair vermittelt die Schwetzinger Innenstadt, welche nur einige Schritte entfernt vom Schloss zum Shoppen, Bummeln und Essen einlädt. Kulinarisches Aushängeschild ist der seit 1668 in Schwetzingen angebaute Spargel, der viele Feinschmecker aus nah und fern anlockt. Während Spargel bis ins 18. Jahrhundert der kurfürstlichen Tafel vorbehalten war, erfreut sich heute ein jeder an dem königlichen Gemüse. Die Stände auf dem Schlossplatz und bei den Spargelhöfen bieten die geschmackvolle Züchtung „Schwetzinger Meisterschuss“ feil und die lokale Gastronomie lädt herzlich zu leckeren Spargelgerichten ein.

Lassen Sie sich von der Tradition und Herzlichkeit Schwetzingens verzaubern und genießen Sie jede Minute!

◀ Schlossplatz zur blauen Stunde / Castle square at dusk / Place du château à l´heure bleue

EN Schwetzingen

Stronghold of music, horticulture and asparagus

Embedded in the far reaches of the Rhine valley, Schwetzingen forms the centre of the Electoral Palatinate between Speyer, Mannheim and Heidelberg. Awarded town rights in 1833, Schwetzingen counts thousands of visitors from around the world every year who are looking to explore the historic sites around the summer residence of the Electoral Princes of the palatinate. The lovingly restored magnificent castle interior and the 72 ha gardens offer an idea of the baroque lifestyle of nobility. Anyone visiting the metropolis of classical music has to see them.

In the tradition of art-loving Electoral Prince Carl Theodor (1724–1799), music plays an important role in modern Schwetzingen as well. Of course, the Schwetzingen SWR festival in spring and the Schwetzingen Mozart festival in autumn are particularly important here. Then as now, renowned artists excite the interested audience in the authentic environment of the magnificent Rococo theatre and the glamorous circular halls of the castle.

The inner city of Schwetzingen offers a Mediterranean flair. Only a few steps away from the castle, it invites to shopping sprees, relaxed walks and good meals. Asparagus, grown in Schwetzingen since 1668, is a special highlight that draws many gourmets from near and far. While asparagus was reserved for the Electoral Prince's table until the 18th century, everyone can enjoy the royal vegetable today. The stalls at the castle court and the asparagus courts offer the tasty "Schwetzinger Meisterschuss" variety. Local gastronomy cordially invites you to tasty asparagus dishes.

Be enchanted by the tradition and cordiality of Schwetzingen and enjoy every single minute that you spend here!

FR Schwetzingen

Forteresse de la musique, de l'art horticole et de l'asperge

Nichée dans les grands espaces de la plaine de la vallée du Rhin, Schwetzingen est située entre Speyer, Mannheim et Heidelberg et donc au centre du Palatinat. La cité de Schwetzingen, reconnue en 1833 reçoit chaque année des milliers de visiteurs du monde entier attirés par ce site riche en histoire et par la Résidence d'été des Princes du Palatinat. Les salles du château, prestigieuses et restaurées avec soin ainsi que les 72 ha du Parc donnent un aperçu du style de vie baroque de la Noblesse et sont incontournables pour les visiteurs de la Métropole de la musique classique.

Selon la tradition du Prince, amateur d'art, Carl Theodor (1724–1799), la musique joue aujourd'hui encore un rôle très important dans un Schwetzingen moderne. Le Festival SWR, au printemps ainsi que la Fête de Mozart, la Schwetzinger Mozartfest, à l'automne, y contribuent grandement. Les artistes de renommée ont toujours su enthousiasmer un public d'amateurs dans des environnements authentiques tels que ceux du Théâtre Rococo et des prestigieuses Salles du Cercle du Château.

Une atmosphère méditerranéenne s'échappe du centre ville de Schwetzingen, à quelques pas seulement du château, où il fait bon se promener, faire des achats et manger. La spécialité culinaire de Schwetzingen est l'asperge, cultivée depuis 1668 et qui attend chaque année les gourmands du monde entier, d'avril à juin. Alors que l'asperge était réservée, jusqu'au 18ème Siècle aux tablées princières, chacun peut aujourd'hui déguster ce légume royal. Les stands dressés Place du Château et dans les fermes où l'asperge est cultivée, offrent aux visiteurs les meilleures cultures, le „Schwetzinger Meisterschuss" et les restaurants locaux vous invitent à déguster leurs plats à base d'asperge.

Laissez la tradition et la beauté de Schwetzingen vous enchanter et venez profiter de chaque instant!

Der Kurfürstliche Schlossgarten / The Elector's castle garden / Le jardin du château ▶

Blick auf den Schwetzinger Schlossplatz / View of Schwetzinger castle square / Vue sur la place du château

Auf das Schloss ausgerichtet: Die Carl-Theodor-Straße / Carl-Theodor-Avenue / Aligné au château: Rue Carl-Theodor

„Gänsbrunnen“ vor klassizistischem Rathaus / „Gänsbrunnen“ at the classicistic townhall / „Gänsbrunnen“ devant la mairie de style classique

Stiller Barockwinkel / Calm baroque corner / Coin tranquille baroque

Leimbachidyll / View of idyllic brook (Leimbach) / Idylle de cours d´eau (Leimbach)

Das Rote Haus („Mozarthaus“) / The „Red House“ („Mozart House“) La maison rouge („maison Mozart“)

Xylon-Museum in der Invalidenkaserne / Xylon museum inside the invalid barracks / Le musée Xylon à la caserne des invalides armoiries du Palatinat Electoral aux écuries

Sterbehaus von Johann Peter Hebel / Place of demise of Johann Peter Hebel (german author) / La maison, ou Johann Peter Hebel (écrivain allemand) mourit

Das kurfürstliche Wasserwerk / The Elector's waterworks / Centre de distribution des eaux

Palais Hirsch

◀ Kurpfälzisches Wappen am Marstall / Emblem of the Electoral Palatinate at stables / Armoiries du Electoral Palatinat à l´écurie

Fassadenschmuck der Hildaschule / Ornaments of school's facade / Ornements sur la façade d´une école

Bahnhofanlage: Bürgerhäuser des 19. Jahrhunderts / 19th century buildings / Maisons bourgeoises du 19ème Siècle

Badespaß im „Bellamar" / Swimming fun at the „Bellamar" / Au „Bellamar" – le plaisir à la piscine

Kulturzentrum – Musikschule / Cultural centre – music school / Le centre culturel – l' école de musique

Moderne trifft Tradition:
Das Lutherhaus und die evangelische Kirche /
Modernism meets tradition: the „Lutherhaus" and the evangelic church /
Rencontre du modernisme et de la tradition: la „Lutherhaus" et l´église protestante

Barockes Kleinod: Die Kirche St. Pankratius / Baroque bijou: the church of St. Pankratius / Un bijou baroque: l´église de St. Pankratius

Architektur der 50er Jahre: Die Kirche St. Maria / Architecture of the 1950´s: the St. Maria church / L´église St. Maria

◀ Abendstimmung / Atmosphere vespertine / Une atmosphère tardive

Jüdische Gedenkstätte / Jewish memorial / Lieu commémoratif juif

Jüdischer Friedhof / Jewish graveyard / Le cimetière juif

◀ Spiegel der Geschichte: Gedenkstätte für NS-Opfer / Mirror of history: memorial for the NS-victims / Miroir de l´histoire: lieu commémoratif des victimes du national-socialisme

Das Grabmal des Dichters und Denkers Johann Peter Hebel / The grave of poet and philosopher Johann Peter Hebel / Le tombeau du poète et philosophe Johann Peter Hebel

Sportlicher Kreisverkehr: der Turner-Kreisel / Sporty roundabout: the Gymnast circle / Rond-point sportif: le rond-point du Gymnaste

Symbolträchtige „Spargelfrau" am Schlossplatz / Full of symbolism: the „Asparagus Lady" at the castle square / La „Paysanne aux Asperges" sur la place du château

WELDE
BRÄU
WELDEBRÄU

Geschichte erleben im Karl-Wörn-Haus / Living history at the museum „Karl-Wörn-Haus" / Vivre l´histoire au musée „Karl-Wörn-Haus"

Spielstätte des „Theaters am Puls" / The building of „Theater am Puls" / L´édifice de „Theater am Puls"

◀ Zeugnis der Schwetzinger Brautradition: „Weldeturm" / Testimony of Schwetzingen's brewing tradition: the „Welde tower" / Témoin de la tradition de brasserie: la tour de „Welde"

Industriedenkmal Ausbesserungswerk / Industrial memorial, the repair plant / Un monument industriel

Graffitikunst und Vergänglichkeit im Ausbesserungswerk / Graffiti art and perishability inside the repair plant /
Graffitis et évanescence à l'usine de réparation

Modernes „Decathlon" / Modern „Decathlon facility" / L´usine moderne „Decathlon"

Industriedenkmal Ausbesserungswerk / Industrial memorial, the repair plant / Un monument industriel

Die „Pfaudler-Werke“ / The „Pfaudler“-factory / L´usine „Pfaudler“

Romantische Ruinenarchitektur / Romantic ruin architecture / Une ruine romantique

„Das Perspektiv" / The „Perspective" / La „Perspective"

Lügebrückl im Winterzauber / „Lügebrückl" in winterly garden / „Lügebrückl" au jardin hivernal

Die Gartenseite des Schlosses im Abendlicht / Sunset at the castle garden / Le jardin du château au crépuscule

◀ Der Ehrenhof des Schwetzinger Schlosses / Schwetzinger castle's main courtyard / La cour d'honneur du château

◀◀ Schlosszirkel bei Dämmerung / Castle-circle at dawn / Le cercle du château à la tombée du jour

Hier spielte einst Mozart … / Mozart once played here…
Ici Mozart jouait du piano …

Zentralbau der Gartenmoschee / Central building of the Garden Mosque / La mosquée

Schweizer Tapete im Schloss Schwetzingen / The „Swiss tapestry" inside the castle / La „tapisserie Suisse" dans le château

Das kurfürstliche Refugium: Badhaus / The Elector's refuge: the bathhouse / Le refuge du Prince du Palatinat: les termes

◀ Die Gartenmoschee: Symbol der religiösen Toleranz / The garden mosque: symbol of religious tolerance / La mosquée au jardin: un symbole pour la tolérance religieuse

Originalskulpturen im Lapidarium /
The original garden sculptures at the „Lapidarium"/
Les sculptures originales du jardin au „Lapidarium"

◀ Mystischer Arionbrunnen / Mystical fountain of Arion / La fontaine mystique d´Arion

▶ Tempel des Sonnengottes Apollo / The temple of the Apollo, god of the sun / Le temple du Dieu Apollon

Wildschweingrotte im lichten Schatten / Wild hog grotto in light shadow / Grotte du sanglier à la mi-ombre

Die Statue des Hirtengottes Pan / Statue of Pan, god of herdsmen / La statue du dieu antique Pan

▲ Szenenfoto des „Barockfestivals: Winter in Schwetzingen" /
Scene photo from the „Barockfestival: winter in Schwetzingen" /
Photo d'une scène du festival baroque: l'hiver à Schwetzingen

▶ Szenenfoto des „Theaters am Puls" /
Scene of theatre „Theater am Puls" /
Une scène du théâtre „Theater am Puls"

◀ Szenenfoto der „SWR Festspiele Schwetzingen" / Scene of the „SWR Festival Schwetzingen" / Photo d'une scène des SWR Festspiele de Schwetzingen

„Mozartsommer": ein musikalisches Feuerwerk / „Mozartsommer": a musical firework / „Mozartsommer": un feu d'artifice musical

Abendliches Lichtspiel auf dem kurfürstlichen Weihnachtsmarkt / Cheerful lights at the Electoral Christmas Market / Jeux de lumière au marché de Noël

Das kurfürstliche Schlosstheater („Rokokotheater“) / Castle theatre („Rococo theatre“) / Le théatre du château („théâtre rococo“)

Impressum

Herausgeber: Stadt Schwetzingen
Bildredaktion: Dr. Barbara Gilsdorf, Joachim Kresin
Textredaktion: Dr. Barbara Gilsdorf, Joachim Kresin, Alexander Runke
Bildnachweise: Petra Disch, Schwetzingen: Seite 17 (l)
Theo Kyrberg, Schwetzingen, Seite 19 (u), Seite 33 (ur), Seite 40
Florian Merdes, Heidelberg: Seite 43 (o)
Andreas Moosbrugger, Schwetzingen: Seite 5, Seite 33 (or), Seite 41, Seiten 46 – 47
Monika Rittershaus, Berlin: Seite 42
Tobias Schwerdt, Wiesenbach: Cover, Seite 1-Innentitel, Seite 2, Seiten 6-10, Seite 11 (o), Seite 11 (ul), Seiten 12 – 16, Seite 17 (r), Seite 20, Seite 23 (u), Seite 32, Seite 33 (ul), Seite 35 (ol), Seite 35 (ur), Seiten 36 – 37, Seite 39, Seite 43 (u), Seiten 44 – 45
Theo Stadtmüller, Brühl: Seite 18, Seite 21 (u), Seite 23 (o), Seiten 24 – 31, Seite 34
Uschi Wetzel, Schwetzingen: Umschlagseiten innen, Seite 3, Seite 11 (ur), Seite 19 (o), Seite 21 (o), Seite 22, Seite 33 (ol), Seite 35 (or), Seite 35 (ul), Seite 38

Satz: Dirk Fenner, vr
Umschlaggestaltung: Dirk Fenner, vr

ISBN 978-3-89735-816-4

Bibliografische Information der Deutschen Bibliothek
Die Deutsche Bibliothek verzeichnet diese Publikation in der Deutschen Nationalbibliografie; detaillierte bibliografische Daten sind im Internet über http://dnb.ddb.de abrufbar.
Diese Publikation ist auf alterungsbeständigem und säurefreiem Papier (TCF nach ISO 9706) gedruckt, entsprechend den Frankfurter Forderungen.

verlag regionalkultur
Heidelberg • Ubstadt-Weiher • Basel
Korrespondenzadresse:
Bahnhofstraße 2 • D-76698 Ubstadt-Weiher • Tel. 07251 36703-0 • Fax 07251 36703-29
E-Mail: kontakt@verlag-regionalkultur.de • Internet: www.verlag-regionalkultur.de

30